¿Leones en la biblioteca?

Zachary Williams

Traducción al español: María Cristina Brusca

LECTURAS DEL BARRIO

Rosen Classroom Books & Materials™

New York

Hay leones bailando en la biblioteca.
¿Será verdad?

Hay naves espaciales aterrizando en la biblioteca.
¿Será verdad?

Hay dinosaurios cantando en
la biblioteca.
¿Será verdad?

Hay osos comiendo en la biblioteca.
¿Será verdad?

Hay barcos navegando en la biblioteca.
¿Será verdad?

Hay flores creciendo en la biblioteca.
¿Será verdad?

Hay un rey y una reina jugando en
la biblioteca.
¿Será verdad?

Hay muñecos de nieve leyendo en
la biblioteca.
¿Será verdad?

Hay camellos hablando en la biblioteca.
¿Será verdad?

¿Será verdad que hay leones bailando y dinosaurios cantando en la biblioteca?

Ven a la biblioteca y lee un libro.
¡Entonces lo sabrás!